MONUMENTE DER WELTKULTUREN.
BURGEN UND SCHLÖSSER EUROPAS VON OBEN

MONUMENTE *der* WELTKULTUREN

BURGEN UND SCHLÖSSER EUROPAS VON OBEN

BELSER VERLAG
STUTTGART

Fort Vauban, in der Nähe von Ambleteuse,
Frankreich, 17. Jh.

Inhalt

Oben:
Festungsanlagen von Aleppo (Syrien).
Kastell Euryalos in Syrakus (Italien).
Chinesische Mauer.
Engelsburg in Rom (Italien).

Der Begriff „Kastell“ leitet sich aus dem lateinischen „castellum“, einem Diminutiv von „castrum“, ab und bezeichnete in römischer Zeit ein „kleines, befestigtes Truppenlager“. Im heutigen Sprachgebrauch wird der Begriff weitaus flexibler und nicht nur für militärische Bauwerke verwendet, z. B. für einzeln stehende Gebäude mit turmbewehrten Mauern. Ähnlich verwendet wird auch der Ausdruck „Burg“. Er leitet sich vom römischen „burgus“ ab und meint „kleines Kastell“. Im Allgemeinen bezeichnet eine Burg einen Wehrbau, den es bei fast allen Völkern zu verschiedenen Zeiten gab, im besonderen einen wehrhaften Wohnplatz, wie er seit frühgeschichtlicher Zeit bis zum Ende des Mittelalters in Europa vorkam. Manchmal werden auch Adelssitze als „Kastell“ oder „Burg“ beschrieben. Für militärische Verteidigungsanlagen verwendet man hingegen meist die Begriffe „Fort“, „Festung“, die sich aus dem lateinischen „fortis“ (dt. „stark“, „kräftig“) und dem mittellateinischen „fortitia“ (dt. „Stärke“) ableiten. So findet der Begriff „Kastell“ oder „Burg“ im allgemeinen Sprachgebrauch häufig eine recht ungenaue Verwendung. Um hier Klarheit zu schaffen, wollen wir einen Blick auf die Historie des Burgenbaus werfen.

Seit dem Neolithikum existierten erhöht gelegene Plätze, umgeben von Ringwällen aus Feldsteinen, die Raubtiere und Angreifer abhalten sollten. Die Archäologen bezeichnen sie oft als „Fluchtburgen“ oder „Fliehburgen“. Ihre Verteidigungsfunktion war auf einen bestimmten Ort begrenzt, mitunter dienten sie der Überwachung eines größeren Territoriums mit Häusern, Weiden und Feldern. Aus ihnen entwickelten sich regional stark unterschiedliche Typen von Verteidigungsanlagen: Befestigungen zum Schutz der Felder, die entweder allein oder inmitten einer Siedlung standen, wie z. B. die Nuraghen auf Sardinien (Sant' Antine, Barumini); Dynastenburgen wie in Tiryns oder mit Mauern befestigte Siedlungen (Mykene, Simbabwe). Für die gesamte Antike lässt sich die Präsenz von echten Verteidigungsanlagen feststellen, die ausschließlich militärische Zwecke erfüllten. Beispiele sind die Inka-„Burg“ in Paramonga (Peru), die phönizische Hafenfestung in Kelibia (Tunesien) oder das Kastell Euryalos („Nagelkopf“) in Syrakus, das die griechische Polis von oben bewachte. Im Diokletianspalast in Split mischen sich Nutzung als Residenz und Militärkastell in der für das spätrömische Reich typischen, monumentalen Architektur. Aus der Antike sind uns zudem zahlreiche Überreste von Stadtmauern und stark befestigten Stadt-

** Die Abbildungen zur Einleitung sind den Werken „L'illustrazione Italiana“ (1929–1933), „Le capitali d'Europa illustrate“ (um 1930), „Attraverso l'Italia“ (TCI 1954) und zeitgenössischen Postkarten entnommen.*

toren bekannt: von den etruskischen Stadtmauern Volterras bis hin zur Porta Nigra in Trier. Bis dahin ist der uns bekannte Typ der „Burg“ noch nicht aufgetaucht, auch wenn Bauerndörfer und Siedlungen vereinzelt bereits Verteidigungsfunktionen besitzen. Allenfalls kann man die Nuraghen von Sant'Antine di Torralba auf Sardinien als Vorläufer ansehen.

Die eigentliche Geschichte der Burg setzt im Mittelalter ein, in den ersten Jahrhunderten nach der Jahrtausendwende. Während sich die Architektur der großen kaiserlichen Residenzen mehr oder weniger getreu an römischen Vorbildern orientierte (Kaiserpfalz in Aachen), umgaben sich Dörfer und Gutshöfe mit Verteidigungsanlagen. Die politischen, religiösen und sozialen Umbrüche ließen im Zentrum Europas (Frankreich, Deutschland, Südengland, baltische Staaten, Katalonien, Mittel- und Norditalien) am Rande der überaus stürmisch verlaufenden Bildung neuer Bündnisse und Koalitionen ein komplexes Gebilde von Institutionen entstehen, die ihre Macht im Schatten der gleichzeitig konkurrierenden und komplementären Verwaltung von Kaiserreich und Kirche ausübten. Eigenständigen Organismen gleich, entwickelten sie sich aus der Begegnung germanischer Traditionen mit den Resten der eindrucksvollen Verwaltungsmaschinerie des Römischen Reiches. Oft finden sie eine Fortsetzung in der Organisation der Kirche. In einer Zeit des ständigen Wandels, in der die Anerkennung der hoheitlichen Macht eines regionalen Fürsten formal blieb (wie in Bologna oder in den langobardischen Herzogtümern), mussten kleine Dorfgemeinschaften und Grundbesitzer den Schutz und die Sicherheit ihrer Länder und Güter immer noch selbst in die Hand nehmen.

Mit dem provenzalischen Wort „maner“ (engl. „manor“, ital. „maniero“), das sich aus dem lateinischen „manere“ (dt. „bleiben“) ableitet, wird im romanischen Sprachraum eine befestigte Residenz bezeichnet, von der aus der Grundherr sein Land überwachte und verwaltete. Es stellt die ursprüngliche Form der Feudal- oder Lehensburg („feudum“ dt. „Lehen“) dar und weist je nach Region unterschiedliche Charakteristika auf. Die wenigen Hinweise, die wir über die Entstehung der Feudalburgen besitzen, entstammen mehr Dokumenten und lokalen Überlie-

Porta Nigra in Trier.
Türme in Tallinn (Estland).
Zitadelle in Ankara (Türkei).
Porte de Samois in Moret-sur-Loing (Frankreich).

Befestigtes Tor in Oberwölz (Österreich).
Holstentor in Lübeck.
Krak des Chevaliers (Syrien).
Burg Asia in Istanbul (Türkei).

ferungen und weniger archäologischen Erkenntnissen. Oft handelte es sich um kaum mehr als landwirtschaftliche Gebäude, die rund um einen Hof angeordnet waren und so nach außen eine wehrhafte Mauer bildeten, mit wenigen Öffnungen, Verteidigungsvorrichtungen und einem befestigten Tor. Diese ursprüngliche Form hat sich in der „casa forte" („Bewehrtes Haus")[1], mit Gärten und Scheunen innerhalb einer Mauer, erhalten, wie man sie auch heute noch in einigen ländlichen Regionen oder in den Bergen antrifft, zum Beispiel in La Salle im Aostatal. Wahrscheinlich waren viele Dörfer nach dem gleichen Prinzip errichtet. Die Siedlungen mussten eigentliche alle die gleichen Anforderungen erfüllen und unterschieden sich nur dadurch, ob sie als Sitz des jeweiligen Feudalherrn genutzt wurden.

Aber die Geschichte zollt den Spuren der Vergangenheit in der Regel wenig Respekt, vor allem wenn diese aufgrund veränderter Bedingungen nicht mehr ihren ursprünglichen Zweck erfüllen. So sind von einem Großteil einst bedeutender Burgen aus der Zeit um die Jahrtausendwende heute nur noch Ruinen zu sehen – oder sie wurden so grundlegend umgebaut, dass die Ursprungsform nicht mehr zu erkennen ist. In dieser Zeit begründeten die Institutionen ihren Machtanspruch mehr auf Stärke denn auf Rechtmäßigkeit. Blutige Kämpfe um Unabhängigkeit oder Land, egal wie klein das umstrittene Territorium, waren an der Tagesordnung. Die Kontrolle der Gebiete außerhalb der wachsenden Städte und zum Teil auch der Klöster lag in der Hand des Landadels und fußte auf dem System des Lehnswesens. Dieses Treueverhältnis verlangte gegenseitigen Respekt und Schutz innerhalb einer komplizierten Rangordnung. Auf lokaler Ebene ließen die Rivalitäten und umherziehenden Räuberbanden, aber auch Gebiets- und Autonomieforderungen mit der daraus folgenden Unterdrückung das Leben in der Dörfern immer unsicherer werden. Meist waren in diese Auseinandersetzungen nur einige Dutzend Menschen verwickelt, sie machten aber den Bau von Verteidigungsvorrichtungen für den Sitz des Feudalherrn und die Felder notwendig.

Anhand der heute sichtbaren Überreste aus dieser Zeit lassen sich vier grundlegende Typen erkennen: Bewehrtes Haus, Ringburg, Wehrturm und Burg. Das „Bewehrte Haus" haben wir bereits als eine Art Gehöft definiert, dessen Gebäude um einen geschlossenen Hof angeordnet waren. Die *Motte*, später auch die Ringburg, weist indessen eine komplexere Form auf und war sicher in jener Zeit das geläufigste Modell. Oft wie die frühen Fliehburgen allein in erhöhter Lage erbaut, bestand sie aus einer kreisförmig angelegten Mauer mit Türmen und mindestens einem Eingang. Im Innern lagen Wohngebäude, Stallungen, Schuppen, Backofen, Werkstätten, Obst- und Gemüsegärten. Eine besondere Form der Ringburg verfügte über einen massiven Turm in der Mitte: der Bergfried, im französischen Sprachraum auch als „Donjon" (Wohnturm) bezeichnet, der als letzter Fluchtort diente, falls die Angreifer die Mauern überwinden sollten.[2] Bei Varianten der Ringburg findet sich dieser Turm in die Mauer integriert bzw. eine doppelte Wehrmauer. Ein besonderer Typ besaß zwei tangential angeordnete Mauerringe auf unterschiedlichem Niveau mit einzeln geschützten Zugängen: Die Anlage innerhalb der höher gelegenen Mauer mit starken Verteidigungsanlagen diente entweder als Residenz des Burgherrn oder als letzter Rückzugsort.

Der Wehrturm entstand als Bau zur Überwachung entlang von Küsten, Verkehrswegen, an Taleingängen, Pässen und auf Bergkämmen. Aufgrund seiner militärischen Funktion war er selten als Wohnturm ausgelegt. Im Wesentlichen handelte es sich um einen Bau mit quadratischen Grundmauern mit drei Stockwerken und einem Zugang im oberen Stock, der meist nur über Sprossenleitern zu erreichen war. Bei einem Angriff wurden diese eingezogen. Das Erdgeschoss, mit massiven und geböschten Mauern und winzigen Schießscharten, diente als Lagerraum. Im Obergeschoss befand sich ein großer Saal. Die Fenstergewände blieben aus Verteidigungszwecken innerhalb der Mauerfläche. Der zweite Stock war meist mit Tüchern oder Brettern in mehrere Schlafräume unterteilt. Von der mit Zinnen bewehrten Dachterrasse aus konnte man die Angreifer abwehren. Mathilde von Canossa[3] ließ an den Grenzen ihrer Besitzungen ein System solcher Türme anlegen, von denen aus ihre Vasallen die umliegenden Dörfer kontrollierten und das Territorium gegen Angriffe schützten. Unter einer Burg (ital. „rocca") versteht man meist eine komplexe Festungsanlage, oft in erhabener Lage und mit einer Garnison besetzt. In der besagten Zeit war dies sicher die beste Lösung für Herrensitze, von der aus sich ein großes Territorium oder mehrere Lehen kontrollieren ließen. Den dort regierenden Herren oblagen Verwaltungsaufgaben wie die Steuereintreibung und Truppenaushebung für den eigenen Bedarf oder den des Lehnsherrn.

Mauer mit Zinnen in Soave (Italien).
Festung in Golubac (Serbien).
Castelvecchio in Verona (Italien).
Skaligerburg in Malcesine (Italien).

Burg von Sirmione (Italien).
Feste von San Marino (Republik San Marino).
Castello Suardo, Bianzano (Italien).
Befestigte Villa der Medici in Cafaggiolo (Italien).
Fort von Bard (Italien).

Eine solche Zentralanlage besitzt eine komplexe Struktur und ist bereits als echtes befestigtes Kastell angelegt. Die ältesten solcher Anlagen aus der Zeit um die Jahrtausendwende präsentieren sich mit einem turmbewehrten Mauerring, ähnlich den Ringburgen. Sie besitzten jedoch einen dichter bebauten Innenraum und sind durch ihre Position und die starken Mauern beinahe uneinnehmbar.

Von der Mitte des 11. Jh. bis zur Mitte des 12. Jh. führen die Stärkung der Staatsmacht und vor allem ihre relative Kontinuität zu einer Veränderung des Typus Feudalburg. Sie erhält ein kompakteres Aussehen, bei dem Mauern, Türme und Gebäude eine zusammenhängende Konstruktion um die Innenhöfe bilden. Die natürlichen Geländebedingungen werden immer weniger in den Bau integriert, die Formen dadurch immer regelmäßiger. In der Folge führen die Intensivierung des Ackerbaus aufgrund neuer Anbaumethoden und Werkzeuge, das aufstrebende Handwerker- und Händlertum in den Märkten und Städten sowie das Bevölkerungswachstum zu einem Anstieg des Reichtums und legen die Basis für einen echten Fortschritt. Immer neuere Bau- und Handwerkstechniken lassen schließlich den klassischen Typ des Kastells entstehen: ein quadratförmiger Bau mit Ecktürmen, der von einem Graben umgeben ist. Der Eingang wird durch fortschrittliche Verteidigungsanlagen – die Vorburg – und eine Zugbrücke geschützt. Diesem neuen Typ, der sich auch im flachem Gelände findet, ist in den folgenden Jahrhunderten großer Erfolg beschieden.

Als sich Ende des 12. Jh. das europäische Staatengefüge in Europa herauszubilden beginnt, haben sich die Machtstrukturen zu einem sehr komplexen Gebilde entwickelt. Das Kaiserreich legitimiert das Feudalsystem auf institutioneller Ebene. In seinem Innern ist es jedoch in viele kleine Herrschaftsgebiete unterteilt, dessen mächtige Fürsten in der Regel den Kaiser wählen. Die normannische Expansion im Laufe des 11. Jh. hatte zuerst England, dann Lusitanien (das heutige Portugal), Süditalien und Sizilien in dieses System integriert und schwächte dort den Einfluss der Araber und Byzantiner. Auf lokaler Ebene regierte der Landadel sein Territorium von der eigenen Burg aus. Die Kirche, obwohl durch ideologische Grundlagen stark vereint, besitzt noch keine klar definierte Organi-

Zollburg Pfalzgrafenstein in Kaub (Deutschland). Schloss Chenonceau (Frankreich). Fürstenschloss (Liychtenstein).

sation. Es finden sich Überschneidungen mit dem Feudalismus (Fürstbischöfe) neben ehemals römischen Verwaltungsstrukturen (die Diözesen folgen den Gebietseinteilungen des römischen Reiches). Die kirchlichen Würdenträger nehmen in den Märkten und Städten zudem oft hohe politische Ämter wahr. Neben dieser politischen Aufgabe nahm auch der Einfluss von Mönchsorden wie den Benediktinern und den Kluniazensern zu. Sie versuchten neue Verwaltungsformen unter der Kontrolle der Ordensgemeinschaften einzuführen. Die Autorität des Papstes, dem eigentlich die Führung all dieser religiösen Gemeinschaften und kirchlichen Strukturen oblag, war noch nicht gefestigt und stark von der Unterstützung durch Kaiser oder Fürsten abhängig. Diese wiederum bedienten sich der Kirche, um eigene Herrschaftsansprüche durchzusetzen. Die beiden großen Institutionen Kirche und Kaiser bemühten sich, ein Gleichgewicht herzustellen, das auf gegenseitiger Anerkennung beruhte. Märkte, Städte, Häfen und Grenzorte werden mit Festungen und Mauern versehen, die zugleich die Sicherheit und die Hoheit über die Bevölkerung gewährleisten sollen. Das 12. Jh. ist aber auch durch den Aufstieg der Stadtstaaten und der Seerepubliken gekennzeichnet. Diese geben sich eigene Regierungen, steigern die Aktivitäten von Handwerk und Handel und organisieren den Schutz in den Städten und ihren Herrschaftsgebieten. Die Mauern und Festungen dienen nun der Verteidigung der schwer erkämpften Autonomie vor Angriffen feindlicher Heere und bewaffneter Banden. Als im 13. und 14. Jh. die politischen Auseinandersetzungen zwischen den konkurrierenden Familien der italienischen Stadtstaaten in bewaffnete Kämpfe mündeten, schützte der wehrhafte Palast den Signore als sichere Wohnstatt vor den Angriffen seiner Widersacher.

Die Revolution innerhalb der architektonischen Formen, die mit der Gotik in der Mitte des 12. Jh. in Frankreich einsetzt und sich im Laufe des 13. Jh. in ganz Europa ausbreitet, ist der sichtbarste Hinweis für den Beginn eines neuen Zeitalters in Technik und Handwerk. Sie ist das Resultat eines neuen planerischen und organisatorischen Denkens, das sich bereits in der Zeit der Romanik entwickelte und nun Ausdruck eines fundierten und umfassenden Wissens und einer florierenden Wirtschaft ist. Die diese Entwicklung stützende Gesellschaft sucht ständig nach neuen Organisationsformen für Alltags- und Arbeitsleben. Es gelingt ihr, diese in einer Vielzahl von Institu-

Schloss Peleş in Sinaia (Rumänien).
Castello Miramare in Triest (Italien).
Schloss Neuschwanstein.

tionen und Vereinigungen zusammenzuführen, die auf einer Teilung von Verwaltung und Politik sowie auf dem gegenseitigen Respekt der verschiedenen Kompetenzen beruhen. Das Kaiserreich, die Kirche, die Fürsten, die Autonomie der Bürgerschaften und der Handwerks- und Kaufmannsgilden in den Städten sehen ihre jeweiligen Einflusssphären bestätigt. Konkurrenzfragen und auftretende Konflikte werden noch durch die entsprechende Stellung innerhalb dieser Machthierarchien geregelt. Sie sind aber auch der Motor für den schnellen Wandel der Lebensgewohnheiten, der die Neuzeit vorbereitet. Kaiser Friedrich II. unternahm zu Beginn des 13. Jh. den Versuch, mit dem Bau von Kastellen und Stadtburgen ein System zur Kontrolle seiner Lehen zu schaffen. Aber die Burg bleibt bis zum Ende des 15. Jh. vornehmlich Residenz und Regierungsort des Adels.

Der klassische Burgtyp entwickelte sich in jener Zeit. Neben den ursprünglichen Verteidigungsfunktionen musste sie dem Burgherrn nun auch als luxuriöser Wohnsitz dienen. Das hatte in erster Linie eine größere Anzahl von Gebäuden und eine dichter bebaute Fläche zur Folge. Daneben tauchten nun elegantere architektonische Formen auf, die das Bedürfnis nach Schönheit und Schutz gleichermaßen erfüllten. Loggien und großzügige Fensterreihen, die zuweilen auch als Panoramafenster dienten, brachten zugleich Licht und frische Luft in die Räumlichkeiten. Für diese Burgen lassen sich einige typischen Merkmale feststellen. Der Typ der Ringburg lebt in einer um hohe, zinnenbewehrte Mauern erweiterte Form ohne Fenster fort, mit meist regelmäßigem, rechteckigem Grundriss, Ecktürmen und befestigtem Zugang. Die Wohnbauten im Innern lagen entweder längs der Mauer (als sog. Randhausburg) oder in der Mitte der Anlage. Ihre Architektur besaß kaum noch defensiven Charakter. Häufig bot ein Bergfried die letzte Zuflucht.

Die häufigste Verbreitung fanden indessen Anlagen mit quadratischen oder runden Ecktürmen und quadratischem Innenhof. Sie bestanden in der Regel aus vier Gebäuden, deren Außenmauern zugleich als Schutzmauer dienten. Türme und Wehrgänge, die auf Kragsteinen gestützt entlang der Mauern verliefen, waren mit Walmdächern bedeckt und besaßen ein harmonisches Aussehen. Oft befand sich auch über dem Eingang ein hoher, immer quadratischer Torturm. Von dieser Grundstruktur leiten sich komplexere Varianten mit mehreren Innenhöfen ab, die sich aus der Unterteilung des Innenbereichs oder das Nebeneinander von verschiedenen rechteckigen Bauten ergeben. Ein Beispiel für Letztere ist der piemontesische „Ricetto„, eine Burg mit vorgelagerter Fluchtburg. Das Herrenhaus liegt an einem Haupthof, während ein kleinerer Hof (die Fluchtburg), um den die Wohnhäuser der Handwerker und Arbeiter angeordnet sind, erst den Durchgang zur eigentlichen Burg ermöglicht. Seltener finden sich Anlagen in Form eines „U" aus drei soliden Gebäuden, die sich in den späteren Jahrhunderten großer Beliebtheit erfreut.

Einen weiteren Typ stellt die Burg aus einem kompakten Gebäude ohne Innenhof dar, die sich entweder in Quaderform mit oder ohne Ecktürme oder als Komplex aus verschiedenen, sukzessive errichteten Gebäuden findet. Dieser letzte Typ ist für die Alpenregionen Mitteleuropas charakteristisch.

Die architektonische Sprache der Gotik zeichnet sich durch die Suche nach formaler Eleganz aus, die sicherlich auch aus den Qualitätsansprüchen der Auftraggeber entsprang. Diese Suche fand ihren Ausdruck in der Entwicklung von regelmäßigen Grundrissen mit symmetrischen Formen und ausgewogenen Proportionen sowie in der Einführung neuer Elemente, welche die Masse der Mauern und die Innenhöfe auflockerten: monumentale Portale, gekuppelte Fenster, Loggien und Säulenhallen. Aber auch die rhythmisierende Verwendung von Konsolen, Strebepfeilern und Zinnen trug dazu bei. So versteht man in dieser Epoche, verschiedene Lösungen in eine homogene Sprache einzubetten, in der Struktur gebende, formale und dekorative Elemente miteinander harmonieren. Hinzu kommt, dass ab dem 14. Jh. die Innenräume mit Holzdecken, Kaminen, Fensternischen und, vor allem, reichen Wandmalereien ausgeschmückt wurden. Viele Beispiele profaner Handwerkskunst des Spätmittelalters sind uns Dank des Burgenbaus erhalten geblieben. Motive aus dem Burgleben, Jagdszenen und die höfischen Erzählungen jener Zeit lieferten reiches Material für exzellente Malereien voll kompositorischer Phantasie mit leuchtenden Farben und schmuckvollen Details. Von all diesen seien hier als Beispiel die Fresken des Castello di Manta mit dem Heldenepos über die Suche nach dem „Jungbrunnen" hervorgehoben. Ein außergewöhnliches Zeugnis der Gebräuche und des Denkens jener Zeit.

Befestigungsanlagen von Inishmore, Aran Islands, Irland, Hochmittelalter.

Frühe Feudalburgen

Ruinen der Burg von Puivert, Frankreich, 10.–11. Jh.

Die Ursprünge

Wie bereits erwähnt, sind uns nur wenige der frühen Burganlagen erhalten geblieben. Entweder wurden sie in Kriegszeiten zerstört, im Laufe der Jahrhunderte grundlegend umgebaut oder einfach aufgegeben und dem Verfall überlassen. Dafür gab es zahlreiche Gründe.

Der bedeutendste lag sicherlich in der Weiterentwicklung der Kriegstechniken. Immer größere und mächtigere Heere und immer effizientere Waffen haben sowohl Verteidigungs- wie Angriffsstrategien tief greifenden Veränderungen unterzogen. Gleichzeitig setzte in Europa ein starkes Bevölkerungs- und Wirtschaftswachstum ein, das die Einnahmen der Feudalherren und der Institutionen anwachsen ließ und damit auch die Grundlagen für den Ausbau von Burgen und Festungen legte. Zum einen mussten sie immer größere Besatzungen aufnehmen, zum anderen ihren Herren ein angenehmes und luxuriöses Leben gestatten.

Von den ältesten Formen, wie dem dreigeschossigen Wehrturm oder dem englischen *Manor* aus drei Gebäuden um einem Hof, sind nur wenige archäologische Zeugnisse bzw. nur späte Beispiele erhalten, die sicher nicht die gleiche Bedeutung und Funktion besaßen.

Bei dem Typus des *Bewehrten Hauses* und vor allem der *Ringburg* verfügen wir über umfangreichere Quellen, auch wenn diese oft nur noch als Ruinen bestehen.

Doch selbst bei historisch und archäologisch bedeutenden Stätten wie dem doppelten Ringwall auf Inishmore (Aran Islands) bietet sich dem Betrachter oft nur der Anblick kärglicher Überreste, über denen ein Hauch Mystik schwebt. Einige Bauten aus jener Zeit haben jedoch ihre Größe und ihre überaus komplexe Struktur bewahrt und lassen den Schluss zu, dass das Mittelalter eine Zeit von hoher architektonischer Schöpfungskraft darstellte – von den soliden Mauern und dem Turm in Puivert (Frankreich) über die komplexe Struktur eines Festen Hauses wie es sich in der Nähe von Châtellerault in Mittelfrankreich befindet. In Italien kann das Kastell der Mathilde von Canossa in Ciano d'Enza als Beispiel dieses Typs gelten.

Burg von Rossena, Ciano d'Enza, Italien, 10.–13. Jh.

Festes Haus in der Umgebung von Châtellerault, Frankreich, 12. Jh.

Beeindruckende Ruinen

Zu den ältesten Beispielen des europäischen Burgenbaus zählen sicher die Burgen der Araber. Ihr Beitrag bei der Überlieferung von antiken Bautechniken im Europa des Mittelalters ist unumstritten. Viele der in diesem Band vorgestellten Bauwerke entstanden in der Zeit der islamischen Vorherrschaft in Spanien und Süditalien und ihre Gründungen lassen sich bis in das 8. und 9. Jh. zurückverfolgen.

Aus dem 8. Jh. stammen auch die ältesten Teile des Kastells Dos Mouros (dt. „der Mohren") in Sintra, Portugal. Es wurde in späteren Jahrhunderten ausgebaut und besitzt noch immer seinen eindrucksvollen Mauerring. Für seine Größe und historische Bedeutung bekannt ist auch die Burg von Corfe in der englischen Grafschaft Dorset. Die im 10. Jh. gegründete Burg war Schauplatz des Mordes an König Eduard dem Märtyrer im Jahre 978. In normannischer Zeit um 1100 umgebaut, wurde sie während der Bürgerkriege schließlich zerstört.

Überaus beeindruckend sind die Ruinen der Burganlage von Les-Baux-de-Provence, wo bereits im 10. Jh. ein Lehen existierte, dessen Herren sich als Nachkommen von Balthasar, einem der Heiligen Drei Könige bezeichneten. Stolz auf ihre Unabhängigkeit, stiegen die Mäzene südfranzösischer Troubadoure zum Adel auf. Zitadelle und Burg wurden während der Religionskriege im 16. Jh. zerstört.

Großartig präsentieren sich uns auch heute noch die Reste der Festung von Medellín in der spanischen Estremadura (13. Jh.) und von Pembroke Castle, dem ehemaligen Regierungssitz der gleichnamigen Grafschaft. Letzteres stammt ebenfalls aus dem 12. Jh. Die Anlage wurde während der Regierungszeit Cromwells zerstört, im letzten Jahrhundert aber sehr sorgfältig wieder aufgebaut. Ein romantischeres Beispiel bieten die Ruinen der Burg Rieneck mit ihren Turmresten.

Von der weitläufigen Stadtmauer in Loches, deren Ursprünge in das 8. Jh. zurückreichen, sind noch einige Überreste zu sehen, darunter der rechteckige Hauptturm, der von einem später errichteten Mauerring umgeben ist (12. Jh.).

Ruinen der Burganlage von Les-Baux-de-Provence, Frankreich, 10.–14. Jh.

Kastell Dos Mouros in Sintra, Portugal, 8. Jh.

Burg in Corfe, Großbritannien, 10.–12. Jh.

 Festung von Medellín, Spanien, 13. Jh.

Burg in Pembroke, Großbritannien, 12.–13. Jh.

Donjon von Loches, Frankreich, 8.–13.Jh.

Castello del Volterraio, Portoferraio, Italien, 11. Jh.

Garnisonen

Die Aufnahmen auf den nachfolgenden Seiten zeigen den Burgtypus, der als Garnisonssitz mit Kontrollfunktion für ein größeres Gebiet entstand. Er weist kompakte Formen mit hohen Mauern und Türmen auf und war aufgrund seiner Lage zumeist uneinnehmbar. Auf dieser Seite sind die Ruinen des im 11. Jh. von Pisa errichteten Castello del Volterraio auf Elba abgebildet. Einer nicht sehr glaubwürdigen Legende nach, geht seine Gründung auf etruskische Stämme aus Volterra zurück.

Rechts sehen wir das Kastell von Almourol in Portugal, das von den Kreuzrittern des Templerordens in der zweiten Hälfte des 12. Jh. an den Ufern des Tejo erbaut wurde, als die Rückeroberung der Iberischen Halbinsel in vollem Gange war.

Burg von Almourol, Portugal, 12. Jh.

Burg von Graines, Italien, 12. Jh.

Bergfestungen

Die Burg von Najac in Südwestfrankreich wurde kurz nach 1200 erbaut. Um einen kompakten Gebäudekern stehen hohe, mit Rundtürmen bewehrte Mauern. Die gleichzeitig mit dem *Burgus* – dessen Einwohnern sie regieren und schützen sollte – entstandene Anlage ist ein typisches Beispiel für unser heutiges Bild einer Burg: trutzig und bedrohlich zugleich.

In gewisser Hinsicht ist dieser Typus vor allem in den Bergregionen anzutreffen, wie die weiteren Beispiele bezeugen: die Burg von Graines im Val d'Ayas (Aostatal) und das Kastell von Rovereto bzw. Castel Veneto im Vallagarina. Beide bewachen hoch über der Talsohle die Wege vor einfallenden Feinden und Räuberbanden oder vor unerwünschten Zuwanderern. Doch während die erste Anlage nach einem genauen Plan errichtet wurde, entwickelte sich die zweite im Laufe des 14. bis 16. Jh. aus einem Konglomerat verschiedener Gebäude.

Burg von Najac, Frankreich, 13. Jh.

Castel Veneto, Rovereto, Italien, 14.–16. Jh.

Burg in Cannero, Italien, 12.–15. Jh.

Kontinuität des Aufbaus

Die frühen Modelle haben die Burgarchitektur bis in das 14. Jh. hinein geprägt, vor allem in Italien. Hier vollzieht sich eine ähnliche Entwicklung wie im Sakralbau, wo die romanischen Traditionen und die neuartigen Bautechniken des gotischen Stils lange Zeit nebeneinander existierten. In einigen Fällen, wie in Cannero am Lago Maggiore, war dieses Nebeneinander kein Zufall. Die heute sichtbare Burg wurde Anfang des 15. Jh. auf den Fundamenten einer älteren Anlage aus dem 12. Jh. errichtet, welche die Visconti 1414 als Strafe gegen die räuberischen Burgherren schleifen ließen. In anderen Fällen, wie z. B. in dem Städtchen Montecchio Maggiore (Provinz Vicenza), in dem Shakespeares Figuren jederzeit wieder zum Leben erwachen könnten, greift die Ringburganlage aus dem 14. Jh. den ursprünglichen Typus getreu auf. Lediglich der hohe Turm und die Mauern wirken kühner. Alle diese Beispiele sind nur das Ergebnis des Festhaltens an Gewohnheiten, die sich aus historischer und technischer sicht als längst überholt erwiesen. Wirtschaftliche Gründe oder einfach Nostalgie mögen dazu beigetragen haben.

Burg von Montecchio Maggiore, Italien, 14. Jh.

Burg Friedberg, Volders, Österreich, 13. Jh.

Die Blütezeit des Kastell- und Burgenbaus

Zwischen 1240 und 1250 ließ Kaiser Friedrich II. den gewaltigen Bau des Castel del Monte errichten und setzte damit ein bedeutendes Zeichen in der Geschichte des Burgenbaus. Das Kastell sollte als zeitweilige Residenz (wahrscheinlich als Jagdschloss) dienen und ist Teil eines umfassenden Planes zum Bau von Befestigungen, mit denen Friedrich die Kontrolle über sein Reich vor allem in jenen Regionen sichern wollte, in denen seine Macht nicht ausreichend gefestigt war. Mit dem Castel del Monte entstand ein Bauwerk, in dem sich die schlichte Monumentalität der normannischen Romanik, die durchdachten Strukturen und meisterhafte Ausführung der Gotik mit der formalen Einheit der bis dato überlieferten antiken Baukunst auf perfekte Weise vereinen. Einige Historiker sind sogar der Meinung, dass die Grundzüge des Plans auf Friedrich selbst zurückgehen. Allerdings zeichnete sich im 12. und 13. Jh. gerade in Italien immer deutlicher die herausragende Verantwortung des Architekten für die endgültige Erscheinung des Bauwerks ab. Eine ständige Suche nach neuen originellen und organischen Lösungen setzte ein, die mit ihrer räumlichen Anordnung die Vorstellung der Perfektion erfüllen sollte, d. h. von einem Gleichgewicht, dem sich weder etwas hinzufügen noch nehmen ließ. Aus diesem Grund waren die nach dem 13. Jh. errichteten Bauten kaum durch Anbauten erweiterbar und sie sind uns, sofern es sich um wichtige Gebäude handelt, in ihrer ursprünglichen Form erhalten geblieben. Bei einigen konnte der frühere Zustand wieder hergestellt werden, von anderen wiederum ist keine einzige Spur mehr zu sehen.

Die Fortschritte, welche die Architektur in der Gotik erfuhr, ermöglichten nicht nur eine ganze Reihe neuer, gewagter Ansätze, sie ließen auch eine Vielzahl komplizierter formaler Verbindungen entstehen, die sich aus der Suche nach sicheren statischen Lösungen ergaben.

Die Festigung der Staatsmacht im spätmittelalterlichen Europa hat diese Blütezeit des Burgenbaus sicher mit ausgelöst: In jener Zeit bildete sich ein komplexes Wirtschaftssystem heraus, das auf Bevölkerungswachstum und den sprunghaft angestiegenen Produktionskapazitäten und Handelsaktivitäten beruhte und immer größere Reichtümer ermöglichte.

Die Stellung des Feudaladels festigte sich weiter und war in eine noch unumstößliche hierarchische Pyramide eingebettet – mit genau festgelegten Steuer- und Verwaltungspflichten gegenüber den Zentralgewalten –, welche die Autonomie der Feudalherren zwar beschränkte, ihnen aber zu höherem Ansehen und mehr Autorität verhalf. Diese Herausbildung großer Königreiche, die den Keim eines so manchen heutigen Nationalstaates bildeten, war sicher auch durch die Entstehung homogener Kulturräume bedingt. Verbindendes Merkmal war dabei meist die gemeinsame Sprache. In diesen Regionen, zu denen wir Italien, Frankreich, die Iberische Halbinsel, Großbritannien sowie die deutschsprachigen Teile des Römischen Reiches zählen können, brachte die Entwicklung der Baustile – innerhalb einer bestimmten Region spezifische Merkmale für Typus und Form der Burg – hervor. Sie förderte sozusagen die Entwicklung eines „nationalen" Baustils, der durch die zur Verfügung stehenden Baumaterialien und die traditionellen Bautechniken, aber auch durch die Stellung des Feudalherrn und die Bedeutung für Sicherheit und Stabilität des Territoriums bedingt war.

In manchen Fällen, wie zum Beispiel in Frankreich, ist deutlich zu beobachten, wie diese Bauwerke ihre vornehmlich defensive Aufgaben verlieren, auch wenn deren Merkmale fortbestehen

Burg von San Pietro in Cerro, Italien, 15. Jh.

Castel del Monte bei Bari, Italien, 13. Jh.

Italien

In den prosperierenden Stadtstaaten Italiens stand dem Feudalwesen das System der Signorien gegenüber, das manchmal sogar mit ersterem konkurrierte und sich daher mit diesem nicht einfach gleichstellen lässt. Einige dieser Stadtherren modernisierten zudem die Verwaltung ihres Territoriums, wozu auch der Bau von Militäranlagen zählte. Vielleicht entstand auf diese Weise auch die Hafenburg von Sirmione, die der Scaliger Martino della Scala, Stadtherr von Verona, im 13. Jh. erbauen ließ, um die Schifffahrt auf dem Gardasee zu überwachen. Dieser außergewöhnliche Bau umschließt mit seiner mit Zinnen bewehrten Mauer und Ecktürmen das Hafenbecken und schützt die kleine Einfahrt. Zur Landseite hin ist der Hafen durch Gräben und hohe Türme gesichert. Ebenfalls am Gardasee errichteten die Scaliger zwischen dem 13. und 14. Jh. das Kastell von Malcesine, das auf einem Felsen am Nordufer des Sees thront.

Der Typus der Wohnburg findet sich in der Burg von Fenis im Aostatal wieder. Es entstand um 1340 für die Familie der Challant, die am savoyischen Hofe eine bedeutende Stellung einnahmen. Ein eng anliegender, doppelter Mauerring umschließt den fünfeckigen Bau mit zahlreichen großen und kleinen Türmen und viereckigem Innenhof.

Weitere Beispiele finden sich in der Gegend um Parma, wo im 14. und 15. Jh. ein Verteidigungssystem für die Stadt und die Straßen nach Ligurien entstand. Zu diesem gehört die Festung von Fontanellato, im 14. Jh. von den Sanvitale erbaut und in der ersten Hälfte des 15. Jh. in einen eleganten Renaissancepalast verwandelt, der seinen Ursprung als Wehrbau aber nicht leugnen kann.

Eine der bekanntesten Burgen der Region Parma und zugleich eine der schönsten und am besten erhaltenen Norditaliens ist sicherlich Torrechiara. Sie wurde von 1448 bis 1460 unweit von Parma im Auftrag von Pier Maria Rossi erbaut, Hauptmann im Dienste der Maria Visconti. Ihm gelang mit einer gekonnten Synthese aus Gebäudemassen und rhythmischen Formelementen die Verschmelzung von prunkvollem Renaissancepalast und Wehrbau. Ein Hauch Romantik umgibt die Burg, in der Rossi lange Jahre mit seiner Geliebten Bianca Pelligrini d'Arluno lebte.

In Bellinzona, in der italienischen Schweiz, ist das Kastell von Sasso Corbaro, im 15. Jh. über einen älteren Turm erbaut, Teil des Befestigungssystems der Stadt und dient als Wachposten zur Verteidigung der herzöglichen Besitzungen.

Burg von Sirmione, Italien, 13. Jh.

Burg Fenis im Aostatal, Italien, 14. Jh.

 Festung von Fontanellato, Italien, 14.–15. Jh.

 Burg von Torrechiara, Italien, 15. Jh.

Kastell von Sasso Corbaro, Bellinzona, Schweiz, 15. Jh.

Sonderformen

Die Burg von Montisola auf der gleichnamigen Insel im oberitalienischen Lago d'Iseo entstand in den ersten Jahren des 15. Jh. um einen wenig älteren Rund -turm – eine Ausnahme unter den sonst quadratischen mittelalterlichen Türmen der Lombardei. Sie ist ein schönes Beispiel für die Verbindung von Wohn- und Wehrbau, ein echter „*maniero*" (Feudalburg), und bezeugt die typologische Vielfalt des italienischen Burgenbaus. Dies gilt auch für den massiven Bau von San Pietro in Cerro (vgl. S. 45) oder das anmutiger wirkende Kastell von Malcesine, hoch über dem Ufer des Gardasees.

Auf den folgenden Seiten finden sich weitere herausragende Beispiele, darumter die immer noch erhaben wirkenden Ruinen des Castello Aragonese auf Ischia aus der zweiten Hälfte des 15. Jh, das auf den Fundamenten einer wesentlich älteren Anlage errichtet wurde. Bei diesem Komplex ist insbesondere die Nutzung und Integrierung der umgebenden Felsformationen für Verteidigungszwecke von Interesse.

 Festung Martinengo, Montisola, Italien, 15. Jh.

Scaligerburg in Malcesine, Italien, 13.–14. Jh.

Kastell von Ischia, Italien, 15. Jh.

Die Iberische Halbinsel

Die mittelalterliche Architektur auf der Iberischen Halbinsel unterlag starken islamischen Einflüssen. Dabei ist die Geschichte Spaniens und Portugals eng mit der „Reconquista", der christlichen Rückeroberung verbunden, die bis zum Ende des 15. Jh. (1492) andauerte, als die letzten islamischen Herrscher aus Granada vertrieben wurden. Dieser Wandel ging auch mit einer entschlossenen Abgrenzung in der Bautechnik einher, mit der auch die Rechristianisierung der Nation unterstrichen werden sollte. Das kulturelle Erbe der arabischen Kalifate bleibt hier aber, ebenso wie bei den normannischen Bauten Siziliens, spürbar.

Stilformen wie der Mudéjar-, Plateresken- und Emanuelstil, alles typisch spanische bzw. portugiesische Interpretationen der spätmittelalterlichen Architektur Europas, sind stark von den dekorativen Elementen, den Farben und Formenrhythmen der islamischen Kunst beeinflusst, die darin einen Ersatz für das Verbot der bildhaften Darstellung fand. Dieser Einfluss ist auch im Aufbau und in der Form der iberischen Burgen erkennbar: Leichte Zinnen krönen massive quadratische oder runde Türme mit aufgelockerten Grundrissen und Baukörpern, so bei den beiden Burgen von Beja und Almodovar zu sehen. Die Vorliebe des Islam für verspielte Farbgebungen wird in der Verwendung farblich unterschiedlicher Materialien für den Bau der massiven Mauern deutlich, wie das Beispiel der Burg von Guadamur in der Nähe von Puebla verdeutlicht.

Die alte Burg von Sant Salvador de Verdera (El Port de la Selva, Costa Brava) mit seiner Befestigungsmauer aus dem 13.Jh. liegt drohend oberhalb des befestigten Klosters von Sant Pere de Rodes. Dieses erinnert mit seiner aufwändigen Turmstruktur an eine Feudalburg.

Burg von Beja, Portugal, 12. Jh.

Burg von Almodovar, Spanien, 13.–14. Jh.

Castillo de Guadamur, Spanien, 15. Jh.

Ruine des Castillo de Verdera 13. Jh. und das Kloster Sant Pere de Rodes, Costa Brava, Spanien.

Frankreich

Frankreichs Beitrag zur Entwicklung des Burgen-, Festungs- und Schlossbaus ist unbestritten. Die Macht der lokalen Feudalherren war groß und eng mit der Stärkung der Monarchie und dem Ausbau von Wehrbauten zur Überwachung des Herrschaftsgebietes verbunden. Die Verbreitung und die Entwicklung immer ausgefeilterer Anlagen waren die Folge. Dabei bewahrten diese die kompositorischen Schemata des Mittelalters selbst über das Zeitalter der Renaissance hinaus. Noch heute kann man in den französischen Regionen die tief verwurzelte Bedeutung von Landbesitz erkennen, wenn sich viele Bauernhöfe um eine Art Gutshof scharen.

Die erste Phase umfasst das gesamte 13. Jh. und war durch den wachsenden Einfluss der Kreuzzüge und die Rückkehr der Kreuzritter aus den Schlachten bestimmt, der bei der Verwirklichung von Stadtbefestigungen (vgl. S. 214) große Bedeutung besaß. Feudalherren, Bischöfe und Fürsten traten in einen wahren Wettstreit um den Bau von Türmen und Burgen. Der imposante Turm in Crest ist das Ergebnis der Baumanie dreier Gewalten: Die Bischöfe begannen den Turm in der Mitte des 12. Jh., die Grafen der Provinz Valence ließen ihn vergrößern, der König schließlich zu einem Gefängnis umbauen. Die Wälle und Mauern der Burg von Beynac wurden auf einem Felsen hoch über dem Flusstal errichtet. Die Geschichte dieser Burg ist eng mit den Religionskriegen, von den Kreuzzügen gegen die Albigenser bis zum Ende des 16. Jh., verknüpft. Auch der Komplex von Uzès entstand über einen Zeitraum von mehreren Jahrhunderten zwischen dem 12. und 16. Jh.: Mauer und Burg ließ der Herzog Bermonde 1170 errichten, die beiden anderen Türme werden nach den um die Macht in der Stadt konkurrierenden Erbauern „Bischofs-“ und „Königsturm“ genannt. In Saint-Laurent-des-Arbres finden wir eine Wehrkirche mit einem starken Turm vor. In Bressuire und Pontgibaud (Château Dauphin) stehen indes zwei sehr schöne Beispiele von Feudalburgen, die innerhalb bereits bestehender, turmbewehrter Mauern errichtet wurden.

Burg von Crest, Frankreich, 12.–14. Jh.

Burg von Beynac, Frankreich, 13.–15. Jh.

Burganlage von Uzès, Frankreich, 12.–16. Jh.

Wehrkirche von Saint-Laurent-des-Arbres,
Frankreich, 13.–14. Jh.

Burg Dauphin in der Nähe von Pontgibaud,
Frankreich, 12.–14. Jh.

Burg von Bressuire, Frankreich, 13.–15. Jh.

Wandel

Ab dem 16. Jh. traten aufgrund der veränderten Vorgaben zu Größe und Ausführung Bauten mit vornehmlich militärischer Aufgabe in den Vordergrund, oft durch die Zentralgewalt errichtet, während die bereits existierenden Feudalburgen weiterhin bestanden. Letztere nahmen aufgrund der hohen Sicherheit, welche die Festungen gewährten, mit der Zeit immer elegantere Formen an. Das gilt auch für die Verteidigungsanlagen, die nun nicht mehr unabdingbar waren. So entwickelte sich der klar erkennbare Typus des rechteckigen Grundrisses mit Zentralhof und Ecktürmen, der sich manchmal zu einer Seite hin öffnet. Der Mauerring, falls er bestehen blieb, diente nun eher als Abgrenzung des Hofbereichs bzw. des Zugangs zum Hauptgebäude denn als echte Verteidigungsanlage.

In der gesamten Region bevorzugte man runde und polygonale Türme mit kegel- oder pyramidenförmigen Helmen, die wiederum die mit Fensterreihen verzierten Wohnbauten mit ihren steilen Walmdächern, Schornsteinen und Dachgauben einrahmten. Wälle oder Wassergräben übernehmen oft die Rolle des Mauerrings zum Schutz des Eingangs, lassen dabei aber den Blick auf die Umgebung frei.

Für diesen Zeitraum finden sich unterschiedliche Lösungen. Auf der gegenüberliegenden Seite ist ein Garten auf den Wällen des Palais de la Berbie in Albi zu sehen. Der trutzige Bau, zu dem auch eine Wehrkirche gehörte, wurde als Bischofssitz 1228 begonnen. Heute ist darin das Toulouse-Lautrec-Museum untergebracht. Auf den folgenden Seiten ist eine der drei schönsten Brücken mit Brückenturm über dem Lot abgebildet. Sie gehört zu der grandiosen Verteidigungsanlage der Stadt Cahors.

Diesen schließen sich einige Beispiele für den Wandel der Burg zum prunkvollen Schloss an: Das Schloss Ludwigs XI. in Langeais und der elegante Schlosshof von Montreuil-Bellay innerhalb einer alten Feudalburg mit doppeltem Mauerring. Besonders eindrucksvoll präsentiert sich uns das Schloss von Saumur, das kurz nach der ersten Jahrtausendwende gegründet und 1356 schließlich zum Sitz der Herzöge von Anjou auserkoren wurde, den späteren Grafen der Provence und Königen Siziliens und Neapels. Der Umbau, dem wir das heutige Aussehen verdanken, wurde von Herzog Ludwig I. veranlasst und zog sich über rund ein Jahrhundert hin.

In den Grenzregionen zu Deutschland, wie an der Hohkönigsburg (Château du Haut-Kœnigsbourg) im Elsass erkennbar, scheint die Burgarchitektur jedoch mehr den germanischen Traditionen zu folgen.

Palais de la Berbie, Albi, Frankreich, 13.–14. Jh.

Brücke Valentré in Cahors, Frankreich, 14. Jh.

Burg von Langeais, Frankreich, 12.–15. Jh.

Burg von Montreuil-Bellay, Frankreich, 12.–15. Jh.

 Schloss von Saumur, Frankreich, 14.–15. Jh.

Königsburg, Frankreich, 13.–15. Jh.

Schloss Azay-le-Rideau, Frankreich, 16. Jh.

Schloss Ussé, Frankreich, 15.–16. Jh.

Großbritannien

Der Volksmund und die Geschichte Englands sind voller Legenden und Geschichten über Feudalburgen aus alter Zeit. König Artus' sagenhafte Burg Avalon stellt sicher die Quintessenz dieser Vorstellung von einer Burg dar. Ebenso wie in Frankreich ist die Gesellschaft hier stark von Landbesitz und Feudalsystem geprägt. In der Geschichte der Insel ist ständig die Rede von blutigen Kämpfen um Vorherrschaft oder die Einigung des Staates, die sich aufgrund der abgeschotteten Lage immer nach innen richteten.

Den Wendepunkt bildete die Invasion Wilhelm des Eroberers im 11. Jh. Ihr folgte der Bau großer Festungsanlagen zur Kontrolle der neu gewonnenen Territorien. Dazu zählen der Tower von London (vgl. S. 144) oder die Festung in Dover (vgl. S. 200), aber auch das Castle von Warwick an den Ufern des Avon. Der Legende nach ließ es Ethelfreda, die Tochter von Alfred dem Großen, im Jahr 915 errichten, in Wahrheit aber hatte es Wilhelm selbst in Auftrag gegeben (1068). Die Anlage wurde mehrfach umgebaut und präsentiert sich heute in dem Zustand des 14. Jh.

Die Feudalburg mit offenem Hof und die *Festen Häuser* (ein schönes Beispiel ist heute noch in Stokesay zu sehen) werden von kompakteren und gut befestigten Bauten mit starken Mauern, Rundtürmen, Wehrgängen und bezinnten Wehrplatten abgelöst.

Die Burg von Charlecote liegt am Fluss Avon zwischen Warwick und Stratford. Sie wurde im elisabethanischen Stil zwischen 1551 und 1558 erbaut, erhielt im 18. Jh. einen typisch englischen Garten, der auf einen Entwurf von Lancelot „Capability" Brown zurückgeht, und wurde im 19. Jh. komplett umgebaut.

Burg von Stokesay, Großbritannien, 13. Jh.

 Burg von Warwick, Großbritannien, 11.–14. Jh.

Burg von Charlecote, Großbritannien, 16.–19. Jh.

Wasserburgen

Ab dem 13. Jh. taucht immer häufiger der Typus der quadratischen Anlage auf, mit runden Ecktürmen und massiven Bauten oder mächtigen Türmen in der Mitte der Mauerseiten. Oft wird die Burg von einem Wassergraben umgeben, über den man auf einem Damm und einer Zugbrücke ins Innere gelangt. In einigen Fällen, wie in Caerphilly, wird die eigentliche Burg von einem Wall umgeben. Trotz Verbesserungen hat sich dieses Grundrissschema bis zum 15. Jh. kaum verändert. Auf der nebenstehenden Seite sind die romantischen Ruinen von Bodiam Castle zu sehen, das 1385 inmitten eines aufgestauten Teiches gebaut wurde. Ihnen folgen Aufnahmen der Burganlagen von Caerphilly und von Herstmonceux, wobei sich letztere durch ihre Rundtürme aus dem 14. Jh. auszeichnet. Der Herrensitz von Hever aus gotischer Zeit gehörte den Boleyn (wahrscheinlich auch Geburtsort der Anna Boleyn) und ging später in den Besitz der amerikanischen Familie Astor über. Ein gewaltiger Turm mit Zinnen bewacht den Eingang, während auf der Rückseite eine gedeckte Brücke zum Burgus führt. Hever Castle beherbergt eine große Porträt-Sammlung.

Bodiam Castle, Großbritannien, 14. Jh.

Burg von Caerphilly, Großbritannien, 13. Jh.

Burg von Herstmonceux, Großbritannien, 15. Jh.

Hever Castle, Großbritannien, 13.–16. Jh.

Burg von Biedenkopf, 14. Jh.

Burg Thurandt, 12.–15. Jh.

Festung Kufstein, Österreich, 13.–16. Jh.

 Burg Stahleck, 12.–15. Jh.

Burg Rheinfels, 13.–15. Jh.

 Burg Harburg, 12.–16. Jh.

 Feste Coburg, 12.–16. Jh.

Am Übergang zur Neuzeit

Mit dem Übergang zur Neuzeit im 15. und 16. Jh. begann man, den Festungen und Burgen immer elegantere Formen zu verleihen und deren eigentlichen, militärischen Charakter zu überdecken. Die Geschichte des Deutschen Reiches kennt aufgrund der sozialen und religiösen Konflikte, der regionalen Eigenheiten oder der Struktur der kaiserlichen Verwaltung, die stark an die Macht der Landesherren gebunden war, eine stete Folge kriegerischer Auseinandersetzungen. Die Verbindung von Wehrbau und prunkvollem Wohnbau hielt sich daher lange Zeit aufrecht und löste sich zuerst in den Randgebieten oder unabhängigeren Territorien, so als ob man im Innern des Reiches dringlicher um den eigenen Schutz bemüht sein musste als in den Grenzregionen. In diesem Zusammenhang sind auch das romantische Wasserschloss von Anif in Österreich und die Königsburg im dänischen Helsingør zu sehen, die mit robusten Wällen und Bastionen versehen sind, in Formen und Bauschmuck dennoch harmonisch wirken.

In Schweden findet sich als Beispiel die wundervolle Anlage von Borgholm. Trotz ihres schlechten Zustandes lässt sich der regelmäßige viereckige Grundriss mit zwei runden Ecktürmen in dem sternförmig angelegten Festungswerk deutlich erkennen. Als letzte Veranschaulichung dient Burg Hohenzollern, die, auf alten Grundmauern errichtet, lange aufgrund seiner Lage von höchster militärisch-strategischer Wichtigkeit war, bevor es durch die massiven Umbauten im Verlauf der Jahrhunderte seine heutige Bedeutung erlangte.

Schloss Anif bei Salzburg, Österreich, 16. Jh.

 Schloss Kronborg, Helsingør, Dänemark, 16. Jh.

 Burganlage von Borgholm, Schweden, 12.–16. Jh.

Schloss Hohenzollern, 11.–18. Jh.

 Castello di San Giorgio, Mantua, Italien, 14. Jh.

Burg und Stadtburg

Der Tower von London

Die Architektur und die Baugeschichte von Burganlagen, die zum Schutz einer Stadt errichtet wurden, sind oft eng mit der Entwicklung des urbanen Gefüges verbunden. Eine Unterscheidung ist in diesem Zusammenhang nicht einfach, aber notwendig. Sie betrifft Burgus und Stadt auf der einen und Feudalburgen als Sitz des Lehnsherrn sowie Burgen zur Kontrolle oder zum Schutz der betreffenden Stadt auf der anderen Seite. Aber die je nach historischen Gegebenheiten stark voneinander abweichende Ausführung der Stadtburgen macht eine eindeutige Klassifizierung unmöglich. Wir können Sie eher als Zeugen für die mit ihnen verbundenen geschichtlichen Ereignisse betrachten, da sie in der Historie ihrer Stadt eine bedeutende Rolle spielten. Eine einfache Unterteilung ergibt sich aus ihrer Lage: innerhalb der Stadtmauer als Stadtburg oder außerhalb in erhöhter Lage als Höhenburg (Gipfelburg). In manchen Fällen baute man diese Burgen später zu gewaltigen Zitadellen aus (vgl. S. 224).

Wiederum andere Festungsanlagen wurden ähnlich den Kathedralen zu Symbolen ihrer Stadt. Eines der bekanntesten Beispiele ist sicher der Tower von London. Der Überlieferung nach stand an seiner Stelle ein Fort aus römischer Zeit. Der Mittelturm wurde im 11. Jh. von Wilhelm dem Eroberer errichtet. Die doppelte Ummauerung folgte im 13. Jh. unter Heinrich III. und Eduard I., die Bastionen entstanden im 16. Jh. zur Zeit von Heinrich VIII. Der Tower, als Wehrbau entstanden, wurde als königliche Residenz und schließlich als Staatsgefängnis genutzt und war Schauplatz zahlreicher Hinrichtungen, darunter auch der von Anne Boleyn, des Philosophen Thomas Moore und des Seefahrers Walter Raleigh. Die vielen Umbauten und Ausbesserungsphasen lassen sich kaum noch nachvollziehen. Heute beherbergt der Tower die Kronjuwelen und ist zur Besichtigung freigegeben.

 Tower von London, Großbritannien, 11.–16. Jh.

Historische Schauplätze

Zahlreiche Stadtburgen weisen eine ähnliche Geschichte wie der Tower von London auf – Geschichten von Zerstörungen, Wiederaufbau, Restaurierung und Umwidmung – und bildeten die Grundlage für größere Festungsbauten. Andere sind das Ergebnis durchdachter und einheitlicher Planungen. Zur Unterscheidung wollen wir einige bekannte Beispiele betrachten.

Das Kastell in Prato ist das bemerkenswerte Beispiel eines Wehrbaus, der von der Staatsmacht zum Schutz strategisch wichtiger Plätze angelegt wurde. Es entstand im 13. Jh. im Rahmen eines Bauprogramms zur Festigung der kaiserlichen Domänen Friedrichs II. und sollte den Verkehrsweg von Süditalien nach Mitteleuropa sichern.

Die Alhambra entstand im 9. Jh. auf einem die Stadt überragenden Felsen. Im 13. Jh. wurde die Burg von Mohammed al-Ahmar, dem Begründer der Nasridendynastie von Granada, zum Königspalast umgebaut. Seine Nachfolger führten das Werk bis Mitte des 14. Jh. weiter. Nach der Vertreibung der Araber ließ sich Kaiser Karl V. inmitten der Anlage einen prunkvollen Renaissancepalast mit kreisrundem Innenhof errichten.

Die Festung im französischen Angers gehört zu den unter Ludwig IX. gegründeten Festungsanlagen und präsentiert sich mit einer trutzigen Mauer zum Ufer der Maine hin. Diese ist von 17 Rundtürmen verstärkt, auf denen einst Zinnen standen. Im Innern befinden sich einige Gebäude des 15. Jh., die mit der Strenge und Masse der Mauer deutlich kontrastieren.

Der Papstpalast in Avignon wurde im 14. Jh. unter der Ägide der Päpste Benedikt XII., Klemens VI. und Innozenz VI. errichtet. Der Bau ist eines der Meisterwerke gotischer Architektur und setzt sich aus einer Vielzahl miteinander verbundener Höfe und Gebäude zusammen. Dennoch weist die Konstruktion harmonisch aufeinander abgestimmte Formen mit einer durch hohe Blendbögen rhythmisch gegliederten Fassade auf.

Stauferkastell in Prato, Italien, 13. Jh.

Alhambra, 9.–14. Jh., und Palast von Karl V., Granada, Spanien, 16. Jh.

Festung von Angers, Frankreich, 13. Jh.

 Papstpalast, Avignon, Frankreich, 14. Jh.

Schloss Amboise, Frankreich, 16. Jh.

Burg in Nürnberg, 11.–15. Jh.

Alcazar, Segovia, Spanien, 11.–15. Jh.

Schloss von Heidelberg, 15. Jh.

Festung Hohensalzburg, Salzburg, Österreich, 15.–16. Jh.

Feste Marienberg, Würzburg, 12.–17. Jh.

 Forte Belvedere, Florenz, Italien, 16. Jh.

Anlagen innerhalb der Stadtmauer

Dem Hause Anjou ist der Bau einiger der bedeutendsten Stadtfestungen zu verdanken. Dazu zählen die Burg von Tarascon und das berühmte Castel Nuovo (auch Maschio Angioino genannt) in Neapel, im 13. Jh. errichtet und im 15. Jh. unter Alfons von Aragón umgebaut. Beide stehen am Rand der Stadt, d. h. an den Ufern der Rhone bzw. des Golfs von Neapel, und besitzen imposante Rundtürme.

Auch das Castello Sforzesco in Mailand entstand am Rande des Stadtgefüges, in dem es heute beinahe verschwindet. In den ersten Jahren des 20. Jh. wurden bei Restaurierungsarbeiten die Verteidigungsanlagen des 18. bis 19. Jh., in denen es als Garnison diente, entfernt. Dabei kamen große Teile der Anlage aus dem 15. Jh. mit den drei Höfen wieder zum Vorschein, die 1450 unter Francesco Sforza, dem Stadtherrn von Mailand, über einem Bau aus der Regierungszeit der Visconti (14. Jh.) errichtet worden waren. Ebenfalls in das Stadtbild eingebettet ist das Castello di San Giorgio in Mantua, Keimzelle des grandiosen Herzogspalasts der Gonzaga (Vgl. S. 142).

Burg des Königs René, Tarascon, Frankreich, 15. Jh.

Maschio Angioino (Castel Nuovo), Neapel, Italien, 13.–15. Jh.

GUARDIA di FINANZA

 Castello Sforzesco, Mailand, Italien, 15. Jh.

Befestigungsanlagen im Golf von Nauplion,
Griechenland, 17. Jh.

Die Verteidigung der Küsten

Anlagen zur Küstenverteidigung

Als im Hochmittelalter der Kulturraum des Mittelmeers in die Einflusssphären von Byzanz (Ägäis, südliche Adria und Schwarzes Meer), der arabischen Kalifate (östliches Mittelmeer, Nordafrika, Sizilien und Iberische Halbinsel) und der Barbarenreiche (Frankreich, Mittel- und Norditalien) zerfiel, hatte auch die Seefahrt einen grundlegenden Wandel erfahren.

Neben dem traditionellen Handel zur See trieben zunehmend Seeräuber ihr Unwesen und überfielen Schiffe und Küsten. Meist handelten sie im Auftrag der Kalifen, die entweder neue Gebiete erobern oder militärischen Druck ausüben wollten. Der Schutz der Küsten und die Verteidigung der für Handel und Militär wichtigen Landeplätze und Häfen stellten so eine der dringlichsten Aufgaben dar und gaben dem Bau zahlreicher, an die jeweiligen Aufgaben angepaßten Verteidigungsanlagen Auftrieb.

Im Abendland hatte sich in jener Zeit der Beobachtungsturm als einfacher Verteidigungsbau etabliert. Von ihm aus sollten die Piratenschiffe möglichst frühzeitig entdeckt und dann Alarm geschlagen werden, um die Verteidigung zu organisieren oder die Bevölkerung mitsamt ihrem Hab und Gut in Sicherheit zu bringen.

Nach und nach nahmen diese Türme auch direkte Verteidigungsfunktionen ein und verhinderten die Landung von Seeräubern.

Der Turm konnte wie im Fall von Piombino (Livorno) innerhalb einer Mauer stehen, die zum Meer hin mit Wehrgängen und Zinnen versehen war. Die Küstenfestung von La Guardia, an der Grenze zwischen Spanien und Portugal gelegen, wird zusätzlich von einer grandiosen Bastion aus der Zeit der Renaissance bewacht.

Häufig trifft man aber auch Kastelle an, die auf einer kleinen vorgelagerten Insel stehen und über einen Damm mit Zugbrücke erreichbar sind. Ein interessantes Beispiel ist das heute zum Teil verfallene Kastell von Isola di Capo Rizzuto aus der Regierungszeit des Hauses Aragón.

Mit dem Aufschwung des Seeverkehrs in den folgenden Jahrhunderten und dessen gewachsener Bedeutung für Handel und Militär wich man zunehmend von dem defensiven Schutz der Küsten und der Bevölkerung ab und entwickelte verschiedene Formen von Hafen- und Küstenbefestigungen, bei denen der frühere Beobachtungsturm in die Schutzmauern integriert wurde.

So entstanden starke Anlagen, die nicht nur den Einwohnern, sondern auch den Hafenanlagen mit ihren Lagern und den vor Anker liegenden Schiffen Schutz boten.

Dem gleichen Zweck diente zum Beispiel der Torre de Belém (Portugal), um das Jahr 1500 an der Mündung des Tejo als Vorposten zum Schutz des Hafens von Lissabon errichtet. Der Bau in ausgeprägter Kastellform zeigt die Formensprache des Emanuelstils, eine einzigartige Verbindung spätgotischer Kunst und maurischer Einflüsse auf ihrem Höhepunkt.

Aragon-Kastell, Isola di Capo Rizzuto, Italien, 13.–16. Jh.

Wachturm im Kastell von Piombino, Italien, 14. Jh.

Festung von La Guardia, Spanien, 16. Jh.

 Turm in Belém, Lissabon, Portugal, 16. Jh.

Festung auf einer Insel vor der Hafeneinfahrt von Marseille, Frankreich.

Die Häfen

Das Beispiel einer explizit zur Verteidigung des Hafens errichteten Befestigungsanlage finden in Marseille vor. Sie besteht aus zwei Vorposten auf zwei gegenüberliegenden Inseln vor dem eigentlichen Hafen und zwei Festungen an der Hafeneinfahrt, von denen eine – das Fort Saint-Jean – mit einem massiven Turm bewehrt ist. Dank dieser Anlagen waren sowohl die Anlegeplätze wie auch die Ein- und Ausfahrt geschützt. Der hohe Turm an der Einfahrt, auch Tour du Roi René genannt, wurde im 15. Jh. erbaut und sollte den Zugang zur Bucht schützen, in der heute der Alte Hafen liegt. Von den beiden Vorposten ist das Chateau d'If sicher das bekanntere: Ein trutziges Kastell mit Türmen, dessen Mauern das gesamte Inselufer säumen. Der später als Gefängnis dienende Bau erlangte vor allem durch Alexandre Dumas' Roman „Der Graf von Monte Christo" Berühmtheit.

Auch um die Festung von La Rochelle ranken sich zahlreiche Geschichten (z. B. „Die drei Musketiere"), während die weniger bekannte Festung von Antibes am Mittelmeer mit ihren Bastionen und Glacis aus dem 16. Jh. einen herrlichen Anblick bietet. Elizabeth Castle, das die Hafeneinfahrt von Jersey bewacht, liegt mit seiner majestätischen Silhouette auf einer mit dem Festland über einen Damm verbundenen Insel.

Eine weitere große Hafenfestung befindet sich in La Valetta auf Malta. Der grandiose Komplex wurde im Laufe der letzten Jahrhunderte mehrfach an die Neuerungen der Artillerie angepasst. Der älteste Teil der Anlage geht auf den Ritterorden der Malteser zurück. Der Orden wurde im Heiligen Land gegründet und musste mit dem Vordringen der Türken im östlichen Mittelmeer seinen Sitz zunächst nach Rhodos und danach auf die Insel Malta verlegen. Der heutige Zustand ist das Ergebnis zahlreicher Umbauten.

Château d'If, Marseille, Frankreich, 16. Jh.

Hafenfestung von La Rochelle, Frankreich, 14.–15. Jh.

Fort Carré, Antibes, Frankreich, 16. Jh.

Elizabeth Castle, Jersey, Großbritannien, 15.–17. Jh.

 Hafenfestung von La Valletta, Malta, 16.–19. Jh.

Große Küstenfestungen

Von der römischen Invasion bis hin zum Zweiten Weltkrieg weiß die Geschichte Großbritanniens von zahlreichen Schlachten gegen Invasoren zu berichten, die über das Meer kamen. Die Normannen sicherten sich nach der Invasion im 11. Jh. die Vorherrschaft mit dem Bau zahlreicher Burgen, die England, als es zu einer großen Seemacht aufgestiegen war, gegen die Angriffe anderer europäischer Mächte schützten. Auch das komplizierte Vasallenverhältnis, das die englische Krone aufgrund ihrer Besitzungen auf französischem Boden mit dem Königsthron von Frankreich verband, fand zu Beginn des 15. Jh. ein Ende, als die kontinentalen Besitzungen nach dem 100-jährigen Krieg aufgegeben werden mussten. Die Autonomie und die Sicherheit Englands waren über Jahrhunderte erkämpft und darin liegt auch heute noch ein Grund für den Stolz des Landes auf seine Unabhängigkeit. Das politische Geschehen und der Kampf um eine Vormachtstellung in Europa waren lange durch das zwiespältige Verhältnis zu den Nachbarn jenseits des Kanals, insbesondere Frankreich, geprägt. Dies verdeutlicht auch die wichtige Rolle von Flotte, Häfen und Seeverkehr auf der einen und die Notwendigkeit der Sicherung der Küsten gegen feindliche Schiffe und Heere auf der anderen Seite. Vom Mittelalter bis in unsere Zeit entstanden so immer wieder neue große Festungen entlang der Küste.

Als eines der beeindruckendsten Beispiele hierfür steht sicher Dover Castle, dessen Ursprünge bis in die Zeit der normannischen Invasion zurückreichen. Es wurde von König Harold II. begonnen und im 12. und 13. Jh. von Heinrich II. und Heinrich III. vollendet. Die äußeren Befestigungen entstanden in napoleonischer Zeit. Die Burg besteht aus einem großen Donjon und einem doppelten Mauerring, dessen Eingänge durch starke Türme geschützt sind.

Ebenso grandios präsentiert sich die Burg von Caernarvon in Wales, an der Mündung des Seiont im 13. und 14. Jh. errichtet. Auch wenn der heutige Zustand zum großen Teil den Restaurierungsarbeiten zu Beginn des 20. Jh. zu verdanken ist, als sie erstmals Schauplatz der Investitur des Prince of Wales war, ist die einstige Anlage noch deutlich zu erkennen.

Der Typus der Küstenfestung ist selbstverständlich auch in anderen geografischen Breiten geläufig, wie z. B. im östlichen Mittelmeerraum. Aber nirgendwo sonst findet sich eine solche Zahl imposanter und monumentaler Zeugnisse von Stärke und Macht wie im Süden Englands.

 Caernarvon Castle, Großbritannien, 13.–14. Jh.

Dover Castle, Großbritannien, 12.–13. Jh.

Der Schutz der Küstensiedlungen

An den dicht bevölkerten Küsten des Mittelmeers entstanden zahlreiche Dörfer, deren Lage sie gegen einen Angriff von See nur ungenügend schützte. Sie waren einer beständigen Bedrohung durch Piratenüberfälle, Invasionen oder sonstigen kriegerischen Ereignissen ausgesetzt.

In diesen Dörfern finden sich daher sehr unterschiedliche Typen von Befestigungsanlagen. Sie wurden entweder von den Bewohnern selbst bzw., wenn der Ort strategische Bedeutung besaß, von den lokalen Machthabern oder der Zentralgewalt errichtet. In der Regel setzten sich diese Verteidigungsbauten aus verschiedenen Gebäude zusammen, die nicht immer nur eine defensive Aufgabe erfüllten.

Ein schönes Beispiel dafür ist die Templer-Burg in Collioure, in der sich auch die Gemeindekirche befindet. Oberhalb der Stadt bewacht indessen ein Fort mit den charakteristischen Beobachtungstürmen die Küste. Wenn diese eine sehr kompakte Form besitzen, handelt es sich oft um die Residenz des lokalen Herrn oder seines Stellvertreters und übernehmen dann Verwaltungs- und Verteidigungsaufgaben. Dies ist bei der Festung von Benedikt XIII. in Peñiscola (Spanien) der Fall, die im Besitz der französischen Päpste war.

Ist die Festung jedoch Teil einer komplexen Verteidigungsanlage, zeichnet sie sich für gewöhnlich durch ihre besondere Lage aus und ist von bastionierten Mauern umgeben, wie in Saint-Tropez. In St. Malo in der Bretagne steht der massive Bau des Tour Solidor auf einem großen Felsen, der über eine kleine Brücke mit dem Festland verbunden ist.

Tour Solidor, Saint-Malo, Frankreich, 14. Jh.

Templerburg von Collioure, Frankreich, 12. Jh.

Beobachtungsturm in der Nähe von Collioure, Frankreich, 16. Jh.

Burg von Papst Benedikt XIII., Peñíscola, Spanien, 13. Jh.

 Zitadelle von Saint-Tropez, Frankreich, 16. Jh.

Montagnana, Stadtmauern, Padua, Italien,
13.–14. Jh.

Verteidigungswälle

Dorf- und Stadtbefestigungen

Der Mauerring ist sicher eine der ältesten Formen zur Verteidigung von Siedlungen und uns aus der Antike hinlänglich bekannt. Sichtbares Vermächtnis jener Zeit sind die Mauern der römischen Städte mit ihren gewaltigen Eingangstoren und Türmen. Es gibt aber noch weitaus ältere Beispiele, wie Funde in Mesopotamien oder die etruskischen Städte in Italien zeigen.

Im Mittelalter umschloss der Mauerring oft als Vorburg (auch: Burgus) die Häuser und die Gärten eines Dorfes oder einer Stadt und schützte die Einwohner vor Raubtieren oder Räuberbanden.

Dabei ist die Frage, ob die Mauer als Schutz erst erdacht wurde oder ob die Häuser innerhalb des Mauerrings erst später entstanden, wohl zweitrangig. Beide Annahmen sind zutreffend und werden durch aussagekräftige Beispiele belegt. Wir wollen in diesem Zusammenhang kleinere Siedlungen betrachten, die sicherlich in jener Zeit die Mehrheit bildeten und oft älter sind. Dabei lassen sich drei Haupttypen erkennen.

Als Erstes das von einer Mauer umgebene Dorf. Ausgrabungen brachten in England Dörfer aus dem 7. Jh. zutage, die von Palisaden umgeben waren, wie z. B. Hereford.

Ein aufgrund seiner Perfektion einzigartiges Beispiel ist Monteriggioni in der Toskana, wo eine turmbewehrte Mauer die Häuser und Gärten des Dorfes schützt. Die Siedlung wurde im 13. Jh. von Siena mit einer regelmäßigen und durchdachten Struktur als Vorposten gegen die Florentiner angelegt.

Den zweiten Typ bildet die kastellförmige Anlage. Sie zeichnet sich durch einen Zentralturm, Mauern mit Verteidigungsanlagen und befestigte Eingänge aus. Im Unterschied zum ersten Typ konnte hier innerhalb der Mauern ein echter Burgus entstehen. Diese Ansammlung von Wohnhäusern, Werkstätten, Kirche und weiteren Gebäuden war entweder vom Feudalhern gewollt oder entwickelte sich erst im Laufe der Zeit und spiegelt dann den Zuwachs und die wechselnden Bedürfnisse der Einwohner wider. Der Burgus von Evoramonte in Portugal stellt einen solchen Fall dar.

Der dritte Typus entwickelte sich aus dem Kastell mit doppeltem Mauerring. Der höher gelegene Vorhof diente weiterhin als Zuflucht und beherbergte den Wohnsitz des Burgherrn, der untere nahm das Dorf auf, wie in Marvão in Portugal zu sehen ist. Seine Entstehungsgeschichte ist wahrscheinlich ebenso unterschiedlich wie beim zweiten Typus.

Bei der Burg Königstein in Hessen findet sich innerhalb der imposanten Mauern aus dem 17. Jh. eine Ansammlung von Gebäuden unterschiedlichen Alters. Sie dienen als Palast sowie militärischen, religiösen und Verwaltungszwecken. Die gesamte Anlage präsentiert sich wie eine Zitadelle.

Das Fort Saint-André in Villeneuve-les-Avignon bewacht gleichsam den Papstpalast von Avignon. Die Anlage wurde von 1292 an im Auftrag von Philipp dem Schönen als Symbol seiner königlicher Macht im Languedoc errichtet.

Festungsdorf Monteriggioni, Italien, 13. Jh.

Burg und Vorburg von Évoramonte, Portugal, 12.–16. Jh.

Burg und Vorburg von Marvão, Portugal, 13.–14. Jh.

 Burg Königstein, 13.–17. Jh.

Fort Saint-André in Villeneuve-les-Avignon, Frankreich, 13.–14. Jh.

Die Zitadellen

Eine Besonderheit unter den Stadtbefestigungen bildet die Stadtzitadelle. Sie liegt meist auf einer Erhebung und umschließt Gebäude mit unterschiedlichen Aufgaben: Wehrbauten, Palastbauten, Verwaltungsgebäude, Kapellen oder Kirchen und Wohnhäuser. Dabei kann es sich ursprünglich um den Kern eines befestigten Dorfesgehandelt haben, aus dem sich eine Stadt entwickelte, sie kann aber auch durch Erweiterungen oder Umbauten einer bestehenden Burg entstanden sein. Das bereits im vorherigen Kapitel beschriebene Kastell von Collioure (vgl. S. 204) zeigt die Merkmale einer solchen Entstehungsgeschichte.

Ein typisches Beispiel ist auch die Zitadelle von Calvi auf Korsika. Sie wurde von den Genuesern im 14. bis 16. Jh. erbaut und mit starken Bastionen versehen.

Die Burg von Edinburgh in Schottland erhielt durch den sukzessiven Bau einer Vielzahl von Gebäuden ihr heutiges Aussehen: Auf einem Fels mit an drei Seiten steil abfallenden Wänden stehend, erinnert sie an eine Akropolis. Der Ort war bereits in der Eisenzeit bewohnt und wurde gegen Ende des ersten Jahrtausends n. Chr. befestigt. Im Innern der Mauern befinden sich der Palast des Gouverneurs, mehrere Kasernengebäude, ein Hospiz, die kleine romanische Kirche, die der hl. Margret, Mutter des schottischen Königs David I., geweiht ist, sowie zahlreiche andere Gebäude, von denen heute viele zu einem Museum gehören. Ein kleiner Friedhof für die Hunde des Regiments liegt ebenfalls innerhalb der Anlage. Ein Großteil der Gebäude entstand erst in jüngerer Zeit, der Komplex hat jedoch nichts von seiner Anziehungskraft verloren.

Zitadelle von Calvi, Frankreich, 14.–16. Jh.

Edinburgh Castle, Großbritannien, 11.–15. Jh.

Stadtmauern

Der wesentliche Unterschied zwischen Dorf und Stadt liegt sicherlich in der Größe, auch wenn eine klare Trennung hier nicht immer möglich ist.

Ein anderes Kriterium zur Unterscheidung findet sich in den administrativen Funktionen, welche die Siedlung für das umliegende Gebiet innehat. Das Dorf übernahm nie Verwaltungs- oder institutionelle Aufgaben und unterstand immer der Autorität eines Herrn. Die Stadt zeichnet sich hingegen durch die Anwesenheit von politischen und administrativen Institutionen aus.

Eine weitere Unterscheidung ermöglicht die Form der Befestigung und ihre Lage innerhalb des Gefüges aus Wohnbauten und Verkehrswegen. Im städtischen Kontext erscheint die Anlage geordneter und einem geplanten Vorhaben zu entspringen, die Mauer vervollkommnet das Bild. Monteriggioni (Vgl. S. 214) und Cittadella in der Provinz Padua gehören zu den herausragenden Beispielen in der Geschichte der italienischen Kommunen. Im ersten Fall sind zwischen der Mauer, obwohl nach einem Plan errichtet, und dem Grundriss der Anlage keine Bezüge zu erkennen, im zweiten Fall verleiht die Regelmäßigkeit der Wege und Stadttore sowie der Gebäude und Plätze dem Ganzen das typische Bild einer Stadt.

Die Stadtmauer von Carcassonne entstand im 13. Jh. und nutzte zum Teil die bereits vorhandenen Verteidigungsanlagen aus der Zeit der Westgoten.

Stadtmauern von Cittadella, Italien, 13.–14. Jh.

Aigues-Mortes in der Camargue verdeutlicht mit seinem rechtwinkligen Grundriss, seinen zwanzig Türmen, zehn Toren und einem Wach- und Leuchtturm den Typ einer streng nach Plan von der Zentralmacht konzipierten Neugründung. Ludwig IX. ließ die Stadt als Hafen für seinen Kreuzzug anlegen und beauftragte die genuesischen Baumeister Nicola Cominelli und Guglielmo Boccanegra mit dem Entwurf. Zur Zeit ihrer Entstehung war die Stadt über einen Kanal direkt mit dem Meer verbunden, das sich mit der Versandung des Rhônedeltas aber immer weiter zurückzog. Mächtige, von einer Vielzahl von Türmen verstärkte Stadtmauern finden sich vor allem im Süden Frankreichs und in Spanien, wie zum Beispiel in Avila.

Die Weiterentwicklung der Artillerie erzwang in den nachfolgenden Jahrhunderten die Ablösung der Stadtmauer durch das Festungswerk mit seinen Bastionen. Es war meist sternförmig angelegt, um die an der Basis gelegenen Tore besser zu decken.

Palmanova (Provinz Udine) ist das Beispiel einer solchen durch und durch geplanten Idealstadt. Die Stadt und die Befestigungen wurden im 1593 von den Venezianern als achsensymmetrische Anlage mit neun Seiten und einem fünfeckigen Platz in der Mitte errichtet. Sie zeigt sehr deutlich die Entwicklung in der Militärarchitektur, die sich dem Fortschritt im Waffenbau anpassen musste. Die drei Tore konnten mit Kanonen auf den Bastionen leicht gegen einen Angriff geschützt werden und hielten zugleich die feindliche Artillerie auf Distanz.

Stadtmauern von Carcassonne, Frankreich, 13. Jh.

Stadtmauern von Aigues-Mortes, Frankreich,
13. Jh.

Stadtmauern von Avila, Spanien, 11. Jh.

 Festungsstadt Palmanova, Italien, 16. Jh.

Ruinen des genuesischen Forts von Anadolu Kavagi, Türkei, 13. Jh.

Burgen im Orient

Ein Blick in die Geschichte

Wie bereits in der Einleitung festgestellt, entstanden Kastelle, Burgen, Schlösser bzw. Befestigungsanlagen überall dort, wo der Mensch sein nicht sesshaftes Dasein aufgab und den Weg hin zur Zivilisation einschlug.

Aufgabenteilung und unterschiedliche Lebensweisen, die aus verschiedenen Entwicklungsstufen und unterschiedlichem Ressourcenreichtum resultierten, ließen große soziale Unterschiede entstehen, die immer wieder auch Anlass zu Kriegen boten – entweder aus Machthunger und Habgier oder aus der Notwendigkeit heraus, das Überleben zu sichern.

An dieser Stelle sollen aber weniger die architektonischen Formen des Burgenbaus in fernen Regionen betrachtet werden. Vielmehr ist von Interesse, auf welche Weise die europäische Kultur des Mittelalters diesen Formen als Vorbild oder sozusagen als Gegenpol diente.

Denn mit Europa und dem Orient standen sich im Spätmittelalter vor allem auch die Welt des Islams und die Welt des Christentums gegenüber. Sicher stand dabei die Frage nach dem richtigen Glauben im Vordergrund, es war aber auch die Konfrontation mit einer Kultur, die auch in ihren Gesellschaftsformen das Erbe der Antike weitertrug, mit einer neuen Weltanschauung, ebenfalls im Orient entstanden, die sich in Europa in der Zeit des Humanismus weiterentwickelte.

In dem für uns interessanten Zeitraum zwischen dem 11. und dem 16. Jh. war der Kontakt mit dem Orient vor allem durch die Handelsgeschäfte der Seerepubliken, allen voran Pisa und Venedig, und von dem Expansionsbestreben Europas geprägt. Letzteres fand seinen Ausdruck in der Rückeroberung Spaniens, der Ausdehnung der normannischen Herrschaft und natürlich in den Kreuzzügen.

Nach einer langen Phase der Starre besann sich Europa wieder seiner ererbten Machtansprüche und forderte die Kontrolle über den östlichen Mittelmeerraum. Dabei musste es allerdings mit dem erbitterten Widerstand der Araber rechnen und konnte auch das Vordringen der Türken nicht außer Acht lassen. Die Osmanen, die neuen Herren der Levante, hatten bereits den größten Teil des Balkans besetzt und bedrohten gar Wien.

 Festung Palamidi, Nauplion, Griechenland, 10.–18. Jh.

Christliche Burgen in der Ägäis

Die Burgen der Venezianer bildeten ein regelrechtes Überwachungssystem zum Schutz der für den Handel wichtigen Seerouten und Häfen. Sie entstanden an den Küsten der Ägäis in Griechenland und der Türkei, oft an der Stelle einer antiken Akropolis. Die Festung Palamidi im griechischen Nauplion wurde z. B. über einer mittelalterlichen Burg errichtet. Die europäische Bauweise wurde an die Gegebenheiten der Orte oder an die jeweilige Funktion angepasst. Dazu gehörte mitunter auch der Schutz gegen feindlich gesinnte Einheimische.

Die Kreuzzüge spielten für den Bau der Burgen in dieser Region eine entscheidende Rolle. In Bodrum (dem antiken Halikarnassos) an der Südküste Anatoliens errichteten Kreuzfahrer das Kastell St. Peter und nutzten das Monumentalgrab des Königs Mausolos aus dem Jahr 355 v. Chr. – eines der sieben Weltwundern der Antike – als Steinbruch für die neue Mauer und die Bastionen. An einigen Stellen sind noch Reste des antiken Skulpturenschmucks zu sehen. Sicherlich haben die Reliefs des Skopas und Leochares die Baumeister stark beeindruckt. Aber die Ritter des Johanniterordens konnten sich nur kurze Zeit an ihrem Anblick erfreuen. Wenige Jahrzehnte nach dem Bau der Festung wurden sie von den Türken vertrieben.

Das Burg von Leros wurde bereits in byzantinischer Zeit auf dieser Insel des Dodekanes errichtet und später von den Johannitern umgebaut.

Auch die Entstehung der Burg von Larissa auf Argos ist mit der Epoche der Kreuzzüge verknüpft. Im 13. Jh. wurde sie von den Franken erobert und im 15. Jh. von den Türken ausgebaut.

Burg St. Peter, Bodrum, Türkei, 15. Jh.

Burg von Leros, Griechenland, 10.–14. Jh.

Burg von Larissa, Argos, Griechenland, 13.–15. Jh.

Türkische Burgen in der Ägäis

Ab dem 15. Jh. bauten die Türken die militärische Vorherrschaft in der Ägäis immer weiter aus. Folglich entstanden hier massive Burgen mit einer kompakten und geschlossenen Silhouette, die jedoch mit der Eleganz ihrer Residenzen nicht zu vergleichen sind.
So finden sich rechteckige Bauten mit erdrückender Geometrie, meist ein rauer Quader inmitten einer im Rechteck angelegten Mauer mit Türmen und runden Ecktürmen (Çannakkale). Aber auch fantasievolle Formen wie bei der Festung von Eceabat, die alle notwendigen Verteidigungsanlagen aufweist: Eine hohe Mauer ohne Fenster und Schießscharten mit einem Wehrgang und Zinnen umgibt einen dreieckigen Turm mit leicht konvexen Kanten, der sich ebenfalls massiv und mit wenigen Öffnungen präsentiert. Die äußere Mauer mit ihren Zinnen und Türmen scheint hingegen kaum von Nutzen und bedeutungslos.
Die Türken errichteten auch auf dem Peloponnes Festungen mit ausschließlich militärischer Funktion. In Pilos entstand so im 16. Jh. auf einem Felsen das so genannte Neocastro (Neue Burg): ein niedriger, fünfeckiger Bau mit Bastionen und einer langen Mauer.

Festung von Cimenlik, Çannakkale, Türkei, 15. Jh.

 Festung von Kilitbahir, Eceabat, Türkei, 15. Jh.

Neocastro, Pilos, Griechenland, 16. Jh.

Bibliografie

AA.VV., *Storia universale dell'arte*, Bd. IV.–V., Novara 1990.

AA.VV., *Guida artistica d'Italia*, 3 Bde., Mailand 1978.

AA.VV., *Marche*, Florenz 1963.

AA.VV., *Les pays de la Loire*, Paris 1977.

AA.VV., *Les plus beaux châteaux de France*, Paris 1975.

Leonardo Benevolo, *Storia della città*, Bari 1975.

Enrico D. Bona – Paola Costa Calcagno, *Castelli della Valle d'Aosta*, Novara 1979.

I castelli. Architettura e difesa del territorio tra Medioevo e Rinascimento, hg.von Paolo Marconi, Francesco Paolo Fiore, Giorgio Muratore, Enrico Valeriani, Novara 1978.

Castelli e fortificazioni, hg.von Aurelio Natali, Mailand 1974.

Castelli e palazzi d'Italia, hg.von Giorgio Lise, Mailand 1982.

Castelli, torri ed opere fortificate di Puglia, hg.von Raffaele De Vita, Bari 1974.

Città da scoprire: guida ai centri minori, unter der Leitung von Lucio Gambi, 3 Bde., Mailand 1983-85.

François Collombet, *Les châteaux de la Loire, la vallée des reines*, Paris 1993.

Raffaello Delogu, *L'architettura del Medioevo in Sardegna*, Rom 1953.

Edoardo Detti – Gianfranco Di Pietro – Giovanni Fanelli, *Città murate e sviluppo contemporaneo, 42 centri della Toscana*, Florenz 1968.

Pierre Dupuy, *Les châteaux de France*, Vence 1999.

Gina Fasoli, *Feudo e castello*, in *Storia d'Italia*, 5. BD., Turin 1973.

Mario Fazio, *I centri storici italiani*, Mailand 1976.

Vittorio Gleijeses, *Castelli in Campania*, Neapel 1977.

Aldo Gorfer, *Guida dei castelli del Trentino*, Trento 1967.

T.E. Lawrence, *Crusader Castles*, Oxford 1910,

Franco Mancuso – Alberto Mioni, *I centri storici del Veneto*, Mailand 1979.

Jean Mesqui, *Châteaux Forts et fortifications en France*, Paris 1997.

Peter Murray, *Architettura del Rinascimento*, Mailand 1971.

Lionella Nardi – Lamberto Molteni, *Le case torri lucchesi*, Florenz o. J. [1958?].

Toni Nicolini – Tullio Forno, *I castelli del Piemonte*, 2 Bde., Rom 1967.

Carlo Perogalli, *Castelli della Lombardia*, Mailand 1969.

Carlo Perogalli – M. Paola Ichino – Silvana Bazzi, *Castelli italiani. Con un repertorio di oltre 4000 architetture fortificate*, Mailand 1979.

Carlo Perogalli, *Rocche e forti medicei*, Mailand 1980.

Carlo Perogalli, *Spagna altomedioevale, musulmano, mudejar*, Mailand 1967.

Carlo Perogalli, *Storia dell'architettura. Un profilo in due volumi*, Mailand 1964.

Nikolaus Pevsner, *Storia dell'architettura europea*, Bari 1959.

Manfredo Tafuri, *L'architettura dell'Umanesimo*, Bari 1969.

Gian Maria Tabarelli – Flavio Conti, *Castelli del Trentino*, Novara 1981.

Susanne Ulrici – Edmund van Hoorick, *Schlösser in Deutschland*, Würzburg 1985.

Paul Villars, *Inghilterra, Scozia e Irlanda*, Mailand 1897.

Andrea Zanotto, *Castelli valdostani*, Aosta 1975.

Verzeichnis abgebildeter Burgen und Schlösser

Bildnachweis

Die Aufnahmen dieses Bandes stammen von
Guido Alberto Rossi

und von
Mauricio Abreu 34-35, 216-217, 218-219
Yann Arthus-Bertrand (IMAGEBANK) 16-17, 26-27, 42-43, 124-125, 136-137, 138-139, 164-165, 238-239, 242-243, 244-245
Bertram-Luftbild München-Haar 119, 120-121, 130-131, 132-133, 158-159, 166-167, 222-223
Davide Camisasca 36
Jason Hawks 30-31, 32-33, 103, 104-105, 106-107, 109, 110-111, 112-113, 114-115, 117, 199, 200-201, 226-227
Paolo Lazzarin 212-213
Daniel Philippe 122-122, 128-129, 140-141
Basilio Rodella 38-39, 45, 60-61
Isy Schwart, 100-101
Hans Wolf, 126-127

Bibliografische Information der Deutschen Bibliothek:
Die Deutsche Bibliothek verzeichnet diese Publikation
in der deutschen Nationalbibliografie ;
detaillierte bibliografische Daten sind im Internet
über http://www.dnb.ddb.de abrufbar.

ISBN 3-7630-2419-0

Projektleitung : Andrea Grandese
Gestaltung und Satz : Colophon srl, Venedig
Texte: Giampiero Gianazza
Deutsche Übersetzung : Bernd Weiß
Bildredaktion : Paolo Lazzarin
Redaktion und Lektorat: Astrid Huth, Daniela Trvig
Grafiken: LS International Cartography, Milano

Druck und Bindung :
Amilcare Pizzi S.p.a., Cinisello Balsamo (Mailand)

Printed in Italy